NOTICE SUR BAPAUME.

Meaux. — Imprimerie A. Carro.

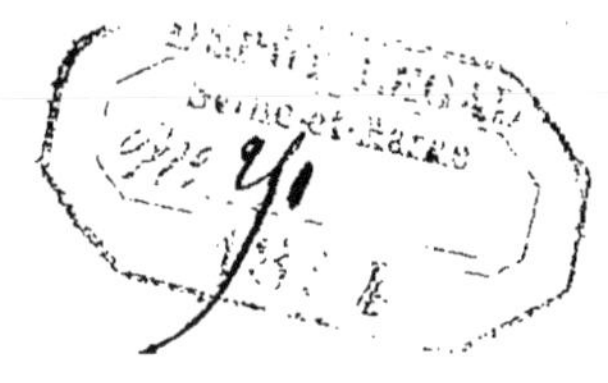

NOTICE

SUR

BAPAUME,

TEMPS ANCIENS ET TEMPS MODERNES,

PAR

BRUSSEL DE BRULARD.

Ancien Officier supérieur d'artillerie.

MEAUX :
A. LE BLONDEL, libraire, place Saint-Etienne, 34.

—

1854.

NOTICE

SUR CE QU'A ÉTÉ

BAPAUME

avant les temps modernes.

Bapaume est située au milieu de l'espace qu'occupait il y a plusieurs siècles la forêt d'Arronaise : cette ville qui devint place forte, et un boulevard opposé à Péronne, ville frontière de Picardie, a possédé un château qui paraît avoir précédé de beaucoup la ville, et avoir été à lui seul un point fortifié très remarquable, avant de devenir une sorte de citadelle de la ville.

La forêt d'Arronaise, outre ce château renferma plus tard une célèbre abbaye qui tira son nom de celui de la forêt même ; elle était située dans le lieu qu'occupe la commune de Rocquigny, sur l'ancienne limite des comtés de Flandre et de Vermandois : elle eut dans l'origine plusieurs noms : *Abbatia in arida Gamantia, Abbatia Arroasia,* corruption de *arida Gamantia.* La forêt d'Arronaise s'étendait depuis Encre (Albaret) jusqu'à la Sambre, vers les Ardennes, ce qui fait environ 25 lieues de l'ouest à l'est. Or, César qui a donné plusieurs détails sur les Druides, nous apprend, que ces prêtres des Gaulois, tenaient leurs assemblées au milieu des forêts; ils rendaient la justice et instruisaient la jeunesse dans les sciences et spécialement dans celles de la Divination : le mot Gamantia, serait composé de deux mots grecs, γαῖα terre, et μαντεία divination. Cette étymologie semble d'autant plus satisfaisante, que les Druides avaient l'intelligence de la langue grecque : on pense donc que la forêt d'Arronaise était une de ces retraites où les Druides tenaient leurs assises et célébraient leurs mystères ; et il est naturel d'en conclure que ce canton ait pris le nom de terre de Divination.

L'épithète de Arida ayant été ajoutée à Gamantia, désigne la situation de cette forêt dans un pays élevé et sans eau. Aussi on trouve que ce pays, entrecoupé de bois, est élevé et sec. Ses deux extrémités seulement ont conservé traces de l'ancien nom : du côté d'Albaret on remarque l'abbaye d'Arronaise, les bois d'Arronaise, le Ménil d'Arronaise, de même qu'un ruisseau qui tombe dans l'Oise à Hanaple, lequel porte le nom d'Arronaise.

Un manuscrit qui existe aux archives de Bapaume et qui nous a été confié, dit qu'un certain Béranger qui dévasta tout le pays, avait eu ce château pour repaire en 1090 : ce qui est absurde, car ce brigand vivait au VIIe siècle (Note 1).

Il est bien probable que ce Béranger dont on ne conserva le souvenir que par ses brigandages, n'a fait qu'occuper fortuitement ce château, construit bien probablement comme point important pour la domination des pays environnants ; il a peut-être dû son origine à une de ces anciennes familles puissantes dont le temps n'a laissé aucune trace : et rien d'étonnant que dans ces époques si éloignées, ce château fort soit devenu le repaire d'une troupe d'aventuriers qui désolait le pays.

Dès 862, Bapaume est citée parmi les villes reçues en dot par Judith, fille de Charles-le-Chauve. L'abbaye d'Arronaise fut fondée par Heldemare qui prit le simple titre de Prévôt, et eût pour sucesseur Conon.

Ce fut à Bapaume, en l'église St-Nicolas, que Roger, évêque de Laon, célébra le mariage d'Isabelle de Hainaut, avec le roi de France Philippe-Auguste, en 1180. Le fils aîné du roi, depuis Louis VIII, hérita de Bapaume après la mort de sa mère : cependant Philippe d'Alsace, oncle d'Isabelle, en conserva la jouissance : on le voit en 1196, accorder aux bourgeois de cette ville le droit de nommer tous les quatorze mois, un mayeur, des échevins, et des jurés, privilége qui leur fut confirmé, tour à tour, par Louis, roi de France, et par les comtes d'Artois en 1248 et 1268 (Note 2).

Après la bataille de Bouvines (1214), la ville de Bapaume reçut les prisonniers de Philippe-Auguste; plus tard elle fit partie du domaine de la Reine-Blanche. Cette place avait déjà à cette époque une certaine importance, mais elle n'était encore protégée par aucun ouvrage revêtu en maçonnerie. Eudes, duc de Bourgogne, auquel appartenait le comté d'Artois du chef de sa femme Jeanne II, la fit entourer d'un mur d'enceinte : ces murailles furent assez fortes pour qu'en 1359, Enguérand de Hesdin et Oudard de Renté pussent s'y enfermer avec leurs hommes d'armes, et surveiller de là tout le territoire envahi par les Anglais.

Jean-sans-Peur, comte de Nevers, puis duc de Bourgogne, naquit à Dijon (le 28 mai 1371) et succéda à son père Philippe-le-Hardi en 1404. Huit ans après, il fut fait fait prisonnier par Bajazet, second empereur des Turcs, à la bataille de Nicopolis : et Bajazet consentit à le laisser vivre, et lui accorda de pouvoir s'affranchir par rançon, ainsi que les plus grands seigneurs qui étaient avec lui dans les fers. Ce prince fut cause des querelles des maisons d'Orléans et de Bourgogne. Charles VI donna à Jean duc de Bourgogne, qui succéda à son père, le pouvoir que celui-ci avait à la cour de France, avec cette différence que le père se fesait aimer et que le fils se fit redouter.

Après avoir pris possession des Etats de l'Artois, de la Flandre et de la Bourgogne, il vint à la cour de France, où il trouva toute l'autorité entre les mains du duc d'Orléans et de la reine Isabeau de Bavière. Outre la jalousie qu'il avait conçue, il se tint pour extrêmement offensé du mariage que ce prince avait fait de la fille du comte d'Harcourt, sa cousine germaine, avec le duc de Gueldre, sans avoir égard aux oppositions que lui, et le duc de Limbourg et de Brabant, son père, y avaient formées. Dès qu'il fut arrivé à la Cour il commença à faire des cabales ; les plaintes se fesaient tout haut, et les gens de son parti affectaient de ne garder aucun ménagement, aucun égard pour les bienséances. Il fallait les raccommoder tous les jours ensemble : le duc de Berry était le médiateur, et il crut les avoir parfaitement réconciliés par la manière dont il s'y prit au mois de novembre 1407 : Il leur persuada de faire ensemble leurs dévotions ; avant la messe ils communièrent tous deux, et il leur fit jurer bon amour et fraternité : c'est ainsi qu'on s'exprimait alors, c'est-à-dire qu'ils juraient de s'aimer désormais comme frères, et de prendre avec dévouement les intérêts l'un de l'autre. Cela se fit un dimanche 20 novembre ; rien ne les obligeait à une cérémonie si extraordinaire et si sainte. Ils ne devaient pas la faire ou devaient s'en acquitter avec toute sincérité : on n'a pas lieu de croire que le duc d'Orléans ait manqué de franchise dans cette action, mais dès-lors le duc de Bourgogne médita la plus exécrable des trahisons, et il l'exécuta trois jours après, ainsi qu'on va le raconter.

La reine était en couche à l'hôtel Barbette, qu'elle

avait acheté du seigneur de Montagu, grand maître-d'hôtel. Le duc d'Orléans l'y alla voir : un valet de chambre, Thomas de Courtensi (Note 3), qui était d'intelligence avec le duc de Bourgogne, vint dire au duc d'Orléans sur les sept heures du soir que le Roi le demandait pour affaires pressées : Ce prince avait coutume de ne circuler dans Paris que bien accompagné tant il avait de défiance du duc de Bourgogne, et amenait avec lui plus de 600 personnes, tant chevaliers qu'écuyers à son service pour former son escorte, et c'est pour lui ôter cet avantage, qu'on feignit cet ordre pressant du Roi. Le duc d'Orléans monta à cheval, précédé de trois pages qui portaient des flambeaux. En passant près de l'hôtel du maréchal de Rieux pour aller à l'hôtel St-Paul où était le roi, il se vit tout-à-coup investi par dix-huit assassins, à la tête desquels était un gentilhomme de Normandie, nommé Octouville, auquel il avait fait ôter depuis peu, une charge qu'il avait chez le roi (Note 4). Ce fut lui qui porta le premier coup avec une hache d'armes et coupa la main du prince qui était appuyée sur la selle de sa mule. Le prince s'écria : « Je suis le duc d'Orléans. » *C'est justement à lui que nous en voulons*, répondirent-ils ! Octouville lui déchargea un autre coup sur le front qui fit tomber le prince, et d'un troisième coup de hache lui fendit entièrement la tête. Dans ce moment les assassins s'enfuirent et gagnèrent l'hôtel d'Artois. Le corps du prince fut reconnu à ses habits plutôt qu'à son visage. Telle fut la fin du duc d'Orléans, âgé de 36 ans, orné de toutes les plus belles qualités et d'esprit et de corps. On ne saurait exprimer la douleur et la consternation que ce meurtre causa dans la famille royale. La reine ne se croyant plus en sûreté dans l'hôtel Barbette, se fit transporter à celui de St-Paul. Plusieurs seigneurs, dans la crainte de quelque conspiration, s'armèrent et coururent à l'hôtel pour défendre la personne du roi. Aucun des assassins n'avait été reconnu : on ne savait à qui attribuer ce crime. Les soupçons tombèrent d'abord sur le seigneur de Bari de Varenne, dont le duc d'Orléans avait enlevé la femme, Henriette d'Enghien, de laquelle il avait eu quatre ans auparavant Jean-Baptiste d'Orléans, qui depuis fut si célèbre dans les armes sous le nom de comte de Dunois et de Longueville. On fut encore deux ou trois jours dans cette incertitude remplie d'inquiétude. Le duc de Bourgogne faisait bonne contenance, semblait partager la douleur des autres princes; il alla avec eux à l'église des religieux Guillemins appelés Blancs-Manteaux, où depuis furent les religieux de la congrégation de St-Maur. On assure qu'en sa présence le corps jeta du sang : Le corps du duc d'Orléans fut ensuite transporté aux Célestins, où il fut inhumé (Note 5).

Cependant on ferma une partie des portes de Paris, et on mit bonne garde aux autres pour empêcher les criminels de s'échapper, et on fit des perquisitions. Le prévôt de Paris se donna en vain, beaucoup de mouvement, et n'ayant pû rien découvrir, il vint demander au roi la permission d'étendre ses poursuites jusques dans les hôtels des princes, où peut-être quelques-uns des coupables auraient trouvé à se cacher. Non-seulement le roi le lui permit, mais même il le lui ordonna (Note 6).

Le duc de Bourgogne était présent, il changea de couleur (Note 7), et le roi de Sicile s'en aperçut; le duc voyant que ce prince le regardait fixement, et ne pouvant plus dissimuler son embarras, le tira à l'écart, lui avoua que c'était lui qui avait mis fin à la faveur outrageante du duc d'Orléans, il l'avoua aussi au duc de Berry qui vint les joindre dans ce moment d'entretien : tous deux lui conseillèrent de se retirer sans retard; il suivit leurs conseils, monta à cheval avec six hommes seulement, et mit toute la célérité possible dans sa fuite : à son passage à Pont-Ste-Maxence, il fit couper le pont, et ne s'arrêta ni pour boire ni pour manger, jusqu'à Bapaume, première ville de ses États. Là il demanda quelle heure il était : on lui répondit : *Une heure.* « C'est l'heure de mon salut, » car il se trouvait en sûreté. Il fit assembler tous les habitants au son des cloches, puis fit sonner l'Angelus en signe de pardon, et il fit présent d'une cloche à la paroisse, qui a toujours servi depuis ce temps, et on sonna l'angelus à une heure, jusqu'à la révolution de 90.

La guerre s'étant rallumée en 1414 entre la Flandre et la Bourgogne par la faction des Orléanistes

Le roi Charles VI à la tête des Armagnacs fit le siége de Bapaume, située sur un plateau fort élevé. L'armée manqua d'eau, et de plus souffrit de la chaleur excessive que la grande sécheresse de l'été rendait insupportable : le roi fit creuser 50 puits dans l'étendue de ses lignes : on n'eut l'eau qu'à 150 pieds de profondeur, mais elle fut bonne et abondante. Frédéric Auguste, Jean Jumon et Adam le Danois, gouverneur de la ville, et du consentement du duc de Bourgogne, remirent la ville en la puissance du roi et de son fils : la place était très médiocrément fortifiée, mal pourvue de vivres et de troupes : les hommes d'armes obtinrent de sortir saufs de corps et de biens, et de se retirer vers Lille. Bapaume fut restituée presque immédiatement au duc de Bourgogne par suite du traité d'Arras.

Dans la même année, la France fit encore le siége de Bapaume avec une armée de 4,500 hommes : cette fois la place ne se rendit qu'après sept semaines de tranchée ouverte.

C'est en 1414 que commença la dévotion envers N. Dame de la Pitié ; sa statue est la plus célèbre qui soit à Bapaume (Note 8), elle est l'objet d'un culte particulier tant pour les habitants de la ville que pour ceux des villages environnants qui viennent à la chapelle qui lui est consacrée en l'église paroissiale de St-Nicolas, comme leur unique refuge, surtout le 25 de mars, jour de l'Annonciation de la Vierge.

L'hopital de St-Pierre, ou Hôtel-Dieu, fut fondé en 1468 par Antoine de Bourgogne, et par Philippe, seigneur des Pays-Bas. Ils l'enrichirent de rentes annuelles ; il fut bâti par les soins de Pierre, abbé de St-Nicolas-aux-bois, près de La Fère-en-Picardie. Cet établissement fut d'abord confié à des laïcs, mais l'abbé de St-Pierre fit venir des religieuses de Saint-François, partie de l'Hôtel-Dieu d'Arras, et partie de la Bassée, pour en avoir soin. La première supérieure de cet hôpital fut Jeanne de la Haye, qui gouverna pendant trente années : les religieuses allèrent garder les malades en ville moyennant une très légère rétribution ; elles ont une chapelle dans l'hôpital. Outre cet établissement, existait *les Maladreries*, ancienne fondation dont le nom indique l'usage primitif. C'était une sorte de bureau de bienfaisance ; cependant pour mémoire de sa première origine, il payait une rente annuelle au couvent de Ste-Anne, qui existait aussi à Bapaume, pour que les religieuses prissent soin d'un certain nombre de vieillards que leur adressaient les magistrats. La Pauvreté était un établissement ayant même destination, bien que d'origine différente. Ces établissements de Maladreries et de Pauvreté pour soigner les pauvres ont été supprimés.

Il y avait dans le faubourg de Péronne une chapelle dédiée à Sainte-Marguerite ; plusieurs propriétés y étaient attachées pour le soulagement des pauvres du faubourg et de la ville, mais tout a disparu.

En 1468 Louis XI et le duc de Bourgogne passèrent par Bapaume.

L'hôpital de St-Pierre fut fondé en 1474.

Louis XI s'empara de Bapaume en 1476 : quelques années après, cette ville rentra sous la domination de l'archiduc Maximilien de Bourgogne : Elle était encore alors, pauvre et mal fortifiée.

Charles-Quint fortifia Bapaume pour l'opposer à Péronne ; il y établit deux compagnies militaires, l'une d'archers et l'autre d'arbalêtriers, ayant pour patrons, les premiers, St-Sébastien, les seconds, St-Georges. Ces compagnies obtinrent de beaux avantages ; ces efforts ne suffirent pas pour empêcher qu'en 1521 (le 17 octobre) le duc de Guise n'entrât en vainqueur dans Bapaume, après huit jours de siége. Il fit mettre le feu à la ville et en fit raser les portes. La place fut rendue à Charles-Quint par le traité de Cambrai. Quand, en 1543, l'armée française commandée par Claude de Guise et par François de Bourbon, comte de St-Pol, s'avança vers Bapaume, le gouverneur Hugo de Fleuriac se voyant hors d'état de résister davantage, se retira dans le château en homme de grande résolution et brave à toute épreuve, mit le feu à toute la ville et se décida à tout risquer avec le peu de monde qu'il avait. Mais M. de Vendôme, maréchal de France, fit piller tout ce qui restait après l'incendie pour punir le gouverneur de cet acte de violence, et fit passer au fil de l'épée tous les habitants, si l'on en croit une légende, puis il se retira vers le roi dans le Cambresis.

M. de Renti, gouverneur, par ordre de Charles-Quint, fit rétablir la ville avec le château et entoura de murailles le donjon, ce qui rendit la ville très forte et bien en état de soutenir un siége.

Le connétable Anne de Montmorency vint ensuite échouer contre cette ville.

Mais en 1555 Hugo de Floriac, seigneur d'Assimont et gouverneur de Bapaume, ayant rassemblé une troupe composée pour la plupart de gens de différents lieux, sortit des embuscades où il se tenait caché, et défit les Français qui passaient chargés de butin, et qui se croyaient en sûreté; il s'empara d'un riche butin, et rentra dans la ville. Il fit prisonnier Humius, gouverneur de Péronne, Jalluis, capitaine des gardes nobles, et beaucoup de grands seigneurs. Ce brave capitaine mourut à Bapaume l'année suivante, universellement regretté.

En 1570 on construisit la tour de l'église paroissiale de Bapaume dédiée à saint Nicolas. La nef, les deux ailes et les chapelles furent achevées le 2 juillet 1577, jour qu'on en fit la dédicace qu'on renouvelle tous les ans avec fête chômée. On voit à droite dans cette église la vierge Marie, dite Notre-Dame-de-Pitié, rendue célèbre par les fréquents miracles qu'on en a cités, et par le grand concours de peuple qui vient en pélerinage à sa chapelle. Les registres pour les naissances, pour les baptêmes et pour les décès n'ont été en usage à Bapaume qu'en 1606. Il est même à remarquer qu'il y a eu depuis cette époque une interruption de 38 années, c'est-à-dire qu'on n'a trouvé rien d'écrit pendant un laps de temps de 38 ans. Pour obvier aux inconvénients d'un manque de cette nature, le roi fit une ordonnance pour tout le royaume en date du 9 avril 1736, pour qu'on fît deux registres, l'un resterait chez les curés, et l'autre serait déposé au greffe des officiers royaux.

Un certain Antoine Lelièvre (Note 9), natif de Basseux, village à trois lieues d'Arras, capitaine dans les troupes de Don Juan d'Autriche, vendit Bapaume aux Français en juin 1578. Ils ne jouirent pas longtemps de cette trahison ; la garnison d'Arras aidée par les bourgeois, parvint à leur enlever la ville. Les Français furent en grande partie tués ou pris : Lelièvre fut au nombre des prisonniers, et fût aussitôt décapité. Sa tête au haut d'une pique fut exposée plusieurs mois au-dessus de la porte de Rouville à Arras : les têtes de ses complices furent attachées dans un des bastions de Bapaume, et plus tard on les sculpta en pierre et elles furent scellées aux murailles : Elles y étaient encore il y a peu de temps.

Ce fut en 1610 qu'on commença la construction de l'Hôtel-de-Ville et du Beffroi : on acheva ce monument en 1611.

L'établissement du couvent des jésuites eut lieu en 1619, pour l'instruction de la jeunesse à Bapaume ; une dame nommée Barbe de Moucheaux, veuve de Mathieu Dupuich, les appela pour diriger une maison d'éducation, et abandonna à ces religieux une partie de ses biens. Ils avaient dans l'église paroissiale une chapelle qui forme une sorte de hors d'œuvre, qu'on y remarque encore aujourd'hui : mais ces pères ayant encouru plus tard la disgrâce du roi et de la nation, ce monastère leur fut ôté par ordre du parlement de Paris le 6 août 1762, leur ordre fut supprimé par le pape Clément XIV le 21 juillet 1773.

L'établissement de l'hospice Ste-Anne eut lieu en 1623. La ville de Bapaume demanda des religieuses hospitalières, de l'ordre de St-Augustin, cloîtrées, pour l'instruction des jeunes filles : elles y furent reçues et installées au mois de décembre sous le titre de religieuses de Ste-Anne. Elles n'eurent dans leur hôpital que quatre lits fondés pour quatre femmes malades de la ville : cependant on s'en est servi en cas de besoin urgent pour les troupes. On leur a donné l'église de l'hôpital qui fut bâti en 1617.

La peste désola Bapaume en 1636.

Le maréchal de la Meilleraie réduisit cette ville en 1641 après neuf jours de siége. La garnison espagnole ne capitula qu'à la dernière extrémité. Bapaume fut définitivement réunie à la France par l'article 35 du traité des Pyrénées en 1639, et dès-lors son histoire n'offre plus aucun intérêt. Un décret impérial du 17 novembre 1804, lui ôta son titre de place de guerre. Les fortifications subsistèrent et semblaient n'être là que pour assurer la perception des droits d'octroi.

En 1656, M. de Postel, gouverneur de Bapaume, fut

assassiné entre Arras et Bapaume, ayant été attendu par un soldat qui, d'une embuscade, lui tira un coup de mousquet chargé à balles : il expira sur le champ. Son monument en marbre noir n'existe plus dans l'église paroissiale, mais nous avons pris sur la table de marbre noir, son épitaphe qu'on y lit avec peine, tant elle est dégradée (Note 12). On y voit la bravoure de ce gouverneur, qui reçut 23 blessures dans le dernier siége de Bapaume.

Au mois d'avril 1666, le roi plaça à Bapaume l'École royale militaire de l'Artillerie, composée de 60 élèves, sans compter les aspirans et les surnuménaires, qui venaient une fois par an s'y faire examiner. (Note 14).

Cette école fut supprimée en 1722.

Les armes de Bapaume ont toujours été *de Gueules, à trois mains dextres d'argent, posées deux et une.*

Cette ville possédait avant la révolution de 90, trois couvents, un collége dirigé par des prêtres séculiers, plusieurs écoles pour les pauvres, et l'École d'Artillerie fondée en 1766 pour 60 élèves, au nombre desquels fut le chevalier de Florian.

M. Foulon (Note 13), ingénieur en chef de la ville, après plusieurs observations, fit creuser à une petite demi-lieue de la place, dans l'endroit où était anciennement le lieu célèbre de Franqueville : après être arrivé à 15 pieds de profondeur, il découvrit une source et deux anciens bassins : il fit passer ce précieux trésor, jusque dans la ville, par le moyen d'un aqueduc, et fit construire un bassin sur la place de l'hôtel-de-ville, en face de la rue d'Arras : l'eau y arrivait avec abondance.

En 1723, le 19 avril, cet officier rempli de zèle pour son souverain, fit ériger au bout du bassin une statue de Louis XV, sur un piédestal avec une inscription en lettres d'or sur un marbre noir : ce prince était alors âgé de douze ans sept mois et quatorze jours; ce fut la première statue qui fut élevée à Louis XV dans toute la France.

Ce bassin se trouva un peu trop élevé sur cette place, on fit construire une autre fontaine dans la rue Royale, où se puise encore aujourd'hui cette eau amenée de l'extérieur.

Le 24 juillet 1744, sur les neuf heures du matin, Louis XV passant à Bapaume pour se rendre de la frontière de Flandre à son armée d'Alsace, S. M. fut reçue à l'avancée de la porte d'Arras par les magistrats en corps et en habits de cérémonie, ayant à leur tête M. Dubois, lieutenant de roi et commandant de la place. Les compagnies des archers et des albalêtriers, étaient rangées pour contenir le peuple qui s'était rassemblé de toutes parts et qui fesait éclater sa joie par ses cris de *Vive le roi*. On fit cesser le plus tôt qu'on put ces acclamations, pour permettre de parler à M. Lorin subdélégué de l'intendance, qui ayant mis un genou en terre porta la parole au roi, lequel satisfait de la *courte* harangue, prit les deux clefs d'argent qui lui étaient présentées par M. de

Vile, mayeur de Bapaume, qui était à genoux ainsi que le reste des magistrats : S. M. reçut le plan de cette place des mains de M. Salmon, ingénieur en chef, et traversa la ville au bruit du canon des remparts et des acclamations du peuple.

Les fortifications de Bapaume ont été construites en maçonnerie de calcaire tendre avec revêtement en briques, et partie entièrement en briques, et ne devaient pas offrir la même résistance que les revêtements faits avec des matériaux plus durs.

On a pu remarquer par les épreuves faites à Bapaume, que la charge du tiers du poids du boulet était suffisante pour faire brèche, même par un tir oblique. On est donc conduit à penser qu'on pourrait renoncer à la moitié du poids du boulet ; on obtiendrait par cela : 1° économie de poudre ; et 2° moins de fatigue pour les affûts et pour les batteries : Les expériences faites à Metz trois ans auparavant, avaient prouvé que les calibres de 24 et de 16 avaient sensiblement le même effet contre les revêtements en bonne maçonnerie, et qu'il fallait pour des effets semblables, le même poids de projectiles, mais seulement qu'il y avait avantage en employant le calibre supérieur, parce qu'il fallait moins de temps pour faire la brèche. A Bapaume, non seulement les mêmes résultats ont été obtenus, mais on a pu y arriver aussi avec le calibre de 12 de campagne (1).

(1) J'ai vu tirer avec des pièces de 12 de campagne, particu-

Le calibre moins lourd, se manœuvre plus facilement devant l'ennemi, et se transporte avec moins d'efforts et de temps, mais d'un autre côté le calibre de 24, cause un ébranlement qui triompherait des remparts les plus résistants et offre dans le service le plus dangereux, moins de temps à y être exposé.

On a fait à Bapaume des expériences très satisfaisantes sur le tir oblique pour faire brèche sous l'angle de 20 à 25 degrés. On a trouvé avantageux de placer les batteries de brèche près du saillant du chemin couvert, mieux même sur le chemin couvert et tirant sur l'escarpe de manière à ce que la tranchée horizontale soit au tiers de la hauteur du revêtement. On obtenait par l'éboulement de la brêche assez de matériaux pour que la rampe fût continue : Le tir oblique, outre plusieurs avantages, a celui de voir l'escarpe beaucoup plus bas.

On juge à l'œil la hauteur de la tranchée horizontale par laquelle on commence l'opération de battre en brèche.

Puis on partage au jugé l'espace de cette brèche, en portions d'environ un mètre, et l'on dirige toutes les bouches à feu sur une extrémité, puis sur l'autre, enfin sur chacun des points intermédiaires estimés à

culièrement à Ratisbonne, et à Smolensk, sans méthode, par coups éparpillés, et ne produire qu'un effet qui faisait regretter qu'on prodiguât ainsi des munitions si précieuses, pour jeter de la poudre aux yeux, tandis qu'un assaut vers les portes pouvait amener un résultat qui n'aurait que bien moins coûté.

environ un mètre les uns des autres ; et quand la tranchée horizontale est bien tracée par ces trous faits dans le revêtement, on réunit ensuite les coups pour creuser ces enfoncements, puis on attaque de la même manière les milieux de ces intervalles ; on continue alors la tranchée en tirant sur les points saillants, et cela jusqu'à ce que l'escarpe soit tranchée dans toute son épaisseur et qu'on voie la terre couler. C'est de la bonne réussite de cette tranchée horizontale que résulte le meilleur succès pour la brèche.

On procède alors d'une manière analogue pour les tranchées verticales aux extrémités, en commençant par en bas et sans aller jusqu'au cordon. Quand les deux tranchées verticales sont tracées, on réunit les coups sur les intervalles, puis sur les points saillants, enfin on achève de pénétrer suffisamment toujours en commençant par en bas, et cela jusqu'à ce que l'ensemble du revêtement se séparant du reste de l'escarpe, se brise dans sa chûte : il est suivi aussitôt d'une grande masse de terre, et la brêche se trouve faite, mais l'éboulement des terres n'allant guère que jusqu'à la moitié de la plongée, on achève de rendre la brèche praticable en faisant tomber à coups de canon les terres qui restent en haut, sans avoir besoin de recourir à substituer pour cet objet des obusiers aux canons. (1)

(1) On pourrait avec avantage employer nos fusées et en quelques minutes les explosions de ces fusées feront fougasse, toutes les terres de l'épaulement seront éboulées sur la brèche.

Si les contre-forts restaient debout au milieu des ruines, on les battait isolément par le tir le plus oblique qu'offrent les pièces; quand le tir est oblique ces contre-forts tombent de suite.

On a fait l'épreuve d'un fourneau pratiqué par les défenseurs sous l'éboulement de la brèche, au pied de l'escarpe restée debout au-dessous de la brêche, et ce fut le terme des épreuves de Bapaume (1). L'explosion de cette mine fut d'un effet très grand; la batterie de brèche fut bouleversée : elle était sur la crête du chemin couvert, une pièce de gros calibre fut renversée jusqu'au-delà de l'exhaussement des plate-formes, et la batterie fut remplie par les matériaux de la brèche. On voit que c'est là un des inconvénients des batteries de brêche sensiblement parallèles à l'escarpe battue, et que le tir

(1) L'explosion du boyau hollandais lança des terres compactes qui allèrent jusqu'à des maisons qu'on avait fait évacuer par précaution : une de ces maisons eut son toit criblé, et un enfant qui s'était furtivement introduit dans cette maison pour mieux voir du premier étage, fut tué. Cet accident fut le seul qui eut lieu pendant la longue série d'expériences de tout genre : il affecta vivement le prince, qui traita généreusement les parents de l'enfant, considérant moins la moralité de ces gens que leur état de misère. Les parents de l'enfant étaient incapables de le bien élever, et ce fut un bonheur pour lui d'être dispensé de vivre. On avait annoncé après cette dernière épreuve un assaut, et un repas donné par le prince en plein air dans le bastion qui serait enlevé : tout fut décommandé; les préparatifs du repas furent dirigés vers l'hospice, et la dépense consacrée à cette fête servit à des distributions de secours aux pauvres.

Les épreuves étant terminées, le prince reçut chez lui, et chacun se fit un devoir d'y paraître, malgré une pluie torrentielle. Puis le prince partit aussitôt pour aller rejoindre le roi à Eu.

oblique reconnu déjà si avantageux, est à l'abri de ce genre d'action des défenseurs.

En général à Bapaume les terres étaient très fortes et ne s'éboulaient que le moins possible : il fallait tirer obliquement sur la crête des maçonneries qui avaient été tranchées horizontalement, et pour faire tomber les contre-forts qui soutenaient les terres.

Si on se rappelle les épreuves faites à Metz relativement aux calibres de 24 et de 16, on verra que les mêmes effets ont été obtenus à Bapaume avec le calibre de 12 de campagne.

J'ai suivi aussi, autant que possible, les travaux des mines, et j'ai cherché à me mettre à même de comparer les deux procédés, pour pratiquer des brèches, soit avec du canon, soit avec des mines, et il m'a semblé que la brèche du canon était plus facilement praticable que celle due à une mine : dans la première les masses de pierres tombent au pied de l'escarpe et sont recouvertes par les terres qui s'éboulent, tandis qu'avec les mines, les masses tombent pêle-mêle et sont beaucoup plus difficiles à franchir : leur effet est, il est vrai, instantané, et comme spectacle, elles intéressaient davantage : mais l'ensemble du temps employé pour l'action du canon, et pour les préparatifs qui précèdent le feu est moins long que celui des travaux des mines. Chaque arme a ses avantages et ses résultats particuliers ; on ne se trouve conduit à faire cette remarque, que parce que le public, ami des émotions, se prononçait alors tout à l'avantage des travaux du génie, et surtout les dames, que le canon étourdissait et réveillait trop matin.

BAPAUME

ACTUELLE.

Bapaume, située sous le 20° 30' 52" de longitude et 52° 6' 2" de latitude, est une petite ville du département du Pas-de-Calais : elle est sur un plateau élevé, et est à 12 kilomètres du ruisseau de Miraumont qui est le plus voisin. Sa population est d'environ 3,500 habitans, cette ville est sur la route royale de Péronne et était depuis longtemps opposée à cette place avant d'appartenir à la France ; mais devenue définitivement Française depuis près de deux siècles, elle a perdu toute son importance comme ville fortifiée. Il fut même décidé par un décret impérial du 17 novembre 1804, qu'elle serait rayée du nombre des places de guerre : ses fortifications ne furent pas rasées mais elles cessèrent d'être entretenues ; son enceinte et ses portes ne semblaient plus destinées, qu'à la perception de l'octroi de la ville.

Bapaume est un chef-lieu de canton de l'arrondissement d'Arras, département du Pas-de-Calais. Il y existait autrefois une grande industrie en fil, batiste, linon, gaze de fil, dentelles, etc. ; mais ces industries ont changé de nature, on y fait actuellement du bazin, du calicot, de la percale, des piqués, et des dentelles de fil d'Écosse. Il y existe beaucoup de brasseries, et la bière y est très bien faite : pour favoriser cette dernière industrie de la ville, l'impôt de l'octroi est près de cinq fois plus fort pour le cidre qu'on fabrique autour de Bapaume, que pour le vin :

Le caractère des habitants est doux, conciliant, hospitalier : nous le comparons volontiers à celui des Alsaciens.

Il n'y a dans cette ville, qu'une seule paroisse, elle est sous l'invocation de St-Nicolas.

L'hospice a été fondé en 1786 par mademoiselle Marie-Augustine Demory. Les mayeurs et échevins qui étaient déjà administrateurs des biens de la Maladrerie et des biens de la Pauvreté, furent encore chargés, conjointement avec l'autorité ecclésiastique, de l'administration de cette nouvelle maison. Puis quand les biens des pauvres et des hôpitaux, après avoir été pendant quelques années sous la main de la nation, eurent été restitués aux communes, soit en nature, soit par d'autres biens équivalents à ceux aliénés, on ne fit plus qu'un établissement de la

Pauvreté, de la Maladrerie et de la maison des Sœurs de la charité, et cet établissement prit le nom d'hospice civil, et plus riche que les trois autres réunis, il put faire plus de bien, surtout sous sa bonne administration.

Au lieu de trois sœurs de la charité, il y a aujourd'hui six sœurs : outre cela trois sœurs sont attachées à l'école communale des filles, mais celles-ci sont rétribuées par la ville. Au lieu de quelques femmes ou filles malades, qu'on soignait autrefois, il y a aujourd'hui dans cet hospice, emplacement pour 21 hommes (12 vieillards et 9 malades) et pour autant de femmes (15 vieilles et 6 malades), puis au lieu d'un petit oratoire pour le catéchisme aux enfants, il y a aujourd'hui 20 orphelins et un ouvroir où l'on apprend à travailler à plus de 60 enfants. La ville donne en outre pour l'instruction des garçons et des filles, deux maisons dans lesquelles sont établies les écoles communales. La ville de Bapaume est remarquablement généreuse pour l'instruction et pour les soins à donner aux vieillards et aux malades.

ARCHIVES.

Nous ne saurions faire l'éloge des archives de Bapaume, car nous les avons trouvées dans un état déplorable; elles sont dans des sacs jetés sur les armoires de la mairie. Le tout est là probablement depuis 1793, et selon toute apparence ces précieux documents ont été entassés ainsi pêle-mêle et sans étiquettes, et ce désordre a servi à bien des soustractions de titres opérées partout en France, par ceux qui profitaient alors de l'état de désordre en toutes choses.

Il reste néanmoins quelques registres et beaucoup de chartes diverses dont on s'est contenté d'arracher les sceaux.

Parmi ces registres, il s'en trouve quatre très précieux : *Le livre noir, le livre rouge* et *ceux vert, le* 1er *et le* 2e : ce sont des registres mémoriaux : la couleur du maroquin qui recouvre ces registres, servait à les désigner.

Le premier commence à l'année 1488 : outre le nom des mayeurs et échevins élus chaque année, il contient le récit des évènements arrivés sous chaque administration : le premier évènement qu'il mentionne, est l'incendie du 4 juin 1488 qui consuma presque toute la ville : il rappelle en outre l'incendie de 1465 et celui de 1462, puis il parle d'une attaque infructueuse tentée par les Français le 14 septembre 1488. Les procès criminels jugés par les échevins y sont aussi rapportés, ainsi que la taxe du pain. On y trouve la lettre d'érection de l'hôpital, dit St-Pierre, desservi par les sœurs grises (année 1494); la prise de Bapaume en 1529 par l'armée française, dans laquelle se trouvait entr'autres capitaines, le seigneur de La Palisse, le capitaine Bayard, le sieur de Florence et autres, sous les ordres du seigneur de St-Pol (1) ; l'entrée en cette ville de l'Empereur en 1544 et autres semblables faits concernant la localité, etc. : nous avons pensé que des extraits de ces registres offriraient de l'intérêt.

Le livre rouge est le deuxième des registres mémoriaux, il commence à l'année 1574 et fait suite au précédent ; il contient peu d'importantes mentions, mais il en est une que nous ne pouvons nous dispenser de transcrire parce qu'elle fait connaître la vérité sur un évènement dénaturé par la tradition crue généralement à Bapaume : car à Bapaume, chacun est persuadé que le traître Lelièvre, fut un mayeur et ses complices les échevins, qui livrèrent Bapaume et son château aux Français. Bapaume alors était aux Espagnols, le registre entre à ce sujet dans des détails circonstanciés qu'on lira avec intérêt.

Le premier livre vert commence à l'année 1645. Il ne contient presque seulement que des copies de commissions de gouverneurs, lieutenants-généraux, etc., et les noms des mayeurs et des échevins de chaque année : on y remarque néanmoins la relation du violent incendie arrivé le 24 juin 1681,

(1) Le comte de St-Pol, logea à l'hôtel de la Fleur de Lys, devenu hôtel du Lys depuis 1790, ce qui donne idée de l'ancienneté de cette maison. En effet tout y indique qu'elle a dû être très remarquable, par des sculptures dans ses souterrains, et par le grandiose de leur disposition.

et un procès-verbal concernant le rétablissement de la fontaine militaire. Voyez la note 13.

Le second livre vert commence à l'année 1736 il ne renferme guère que des documents semblables aux précédents, si ce n'est un procès-verbal constatant le passage de Louis XV le 24 juillet 1744; copies de lettres patentes concernant les coutumes particulières à la ville de Bapaume, qui différaient sur quelques points de celles de l'Artois ; et copie des lettres patentes relatives à l'établissement de l'école militaire d'artillerie, en date du 30 juillet 1765.

En 1791 Bapaume fut classée comme place de guerre de 3ᵉ ordre : en 1804 elle fut rayée du nombre des places de guerre. Des troupes de la coalition restèrent à Bapaume pendant les trois années de l'occupation.

Une ordonnance du 1ᵉʳ août 1821 porta de nouveau Bapaume parmi les places de 3ᵉ ordre ; la porte d'Arras qui avait été démolie fut reconstruite.

Puis le 6 décembre 1842 une ordonnance décida définitivement que la ville de Bapaume serait rayée du nombre des villes fortifiées : les fortifications et leur terrain furent cédés à la ville, à la condition qu'elle détruirait les remparts et comblerait les fossés, pour ensuite disposer du terrain selon ses intérêts ou ce qu'exigeraient les embellissements de la ville.

En août 1847 on profita de ce que Bapaume devait

être rasée pour y faire des expériences sur le tir en brèche et sur les dispositifs des fourneaux de mines : une commission fut nommée, et S. A. R. Monseigneur le duc de Montpensier, maréchal de camp d'artillerie, commandant supérieur de l'artillerie des 1re et 16e divisions militaires, présida cette commission.

Les travaux de la commission commencèrent le 6 août et ne furent terminés que le 27 du même mois.

Nous avons fait nos efforts pour réunir le plus possible de documents historiques et archéologiques sur la ville de Bapaume. Les instants que nous avons pu y consacrer furent bien courts, aussi n'est-ce qu'aux soins obligeants des personnes instruites, tant de Bapaume que d'Arras que nous devons d'avoir pu arriver à former cette petite notice : puisse cet essai encourager à y apporter les corrections que plus de temps sur les lieux, nous aurait conduit à y faire, et à y ajouter les faits qui ne sont pas parvenus à notre connaissance : cette notice excitera, nous l'espérons, à refaire ce travail par lequel nous prouvons combien nous sommes dénué de toute espèce d'amour-propre, en osant publier une œuvre aussi incomplète, et qui n'a pas même le mérite d'un style suffisamment chatié : nous avons cherché à être exact, nous avons été consciencieux dans nos recherches, et notre premier but a été de profiter de l'actualité des expériences de Bapaume. Nous réclamons indulgence et bienveillance en faveur de notre zèle. (1)

On pourrait croire Bapaume une ville riche d'après tout ce qu'elle fait pour élever la jeunesse et soigner les malades et les vieillards. Mais il lui faut une administration très soignée, pour suffire à toutes les charges qu'elle s'impose, et qui lui font honneur.

On soigne, terme moyen, un nombre de 80 personnes tant malades, vieillards, sœurs, personnes de service et orphelins. Outre l'hospice, il existe à Bapaume un bureau de bienfaisance dont les revenus s'élèvent à environ 5,000 fr. On distribue des secours à domicile aux indigents et aux vieillards et malades qui ne veulent ou ne peuvent être admis à l'hospice.

Nous croyons pouvoir exprimer que la ville de Bapaume dépense non-seulement ses revenus en entretien et en établissements d'éducation et d'humanité, mais même est conduite parfois à les trouver insuffisants.

C'est cette insuffisance qui la prive d'avoir une bibliothèque dont chacun sent bien l'utilité, mais il n'en existe pas même un commencement. Dans toutes les villes de France on a généralement profité des livres des châteaux confisqués et des communautés détruites, lors de la révolution de 1790; mais à Bapaume tout ce qui y avait été réuni fut transporté à Arras en

(1) L'auteur avait à peine achevé de réunir ses notes quand il fut interrompu par une série de malheurs et de maladies qui le forcèrent à renoncer à cette actualité, et plusieurs années se sont écoulées avant qu'il ait pu s'occuper de Bapaume.

l'an IV, quand Bapaume cessa d'être arrondissement.

Ce ne serait pas le local qui manquerait pour une bibliothèque communale; c'est le manque de fonds qui empêche d'y pourvoir, mais une pensée heureuse du gouvernement, pourrait faire refluer sur Bapaume les ouvrages qui sont en double à la bibliothèque d'Arras, puis faire à cette petite ville si intéressante, quelques dons d'ouvrages instructifs, et d'ouvrages nouveaux, alors le désordre des archives cesserait, et ces archives seraient le premier noyau de cette bibliothèque tant désirée.

On n'est rien moins qu'étranger aux arts à Bapaume, il y existe une société philharmonique subventionnée par la ville, mais une école de musique manque, ainsi qu'une école de dessin. La ville n'aura jamais assez de revenu pour se créer ces nouvelles sources de dépenses quelque faibles quelles puissent être. Des écoles gratuites qui répandent ces bienfaits dans les classes ouvrières : musique et dessin, sont les deux moyens les plus puissants de compléter l'éducation du peuple, et de le conduire à des goûts honnêtes et à une vie douce et laborieuse : ces résultats sont déjà bien sensibles sur tous les points de la France, où ces moyens ont été employés.

L'éducation est donnée aux enfants : 1° par les Frères de l'école chrétienne, qui ont aussi une école d'adultes, ouverte tous les soirs, ces frères sont au nombre de cinq; 2° par les Sœurs de la charité; elles sont au nombre de trois.

Ces deux écoles sont entretenues à la charge de la commune. Il existe en outre un établissement privé d'instruction secondaire, installé gratuitement dans une maison de la ville : Il y a de plus deux pensionnats de demoiselles : En général les familles peuvent dans toutes les classes, trouver à Bapaume des ressources d'éducation suffisantes ; et si l'instruction ne peut y être complète, elle peut au moins être très avancée.

Les revenus de la ville de Bapaume ne s'élèvent guère qu'à 32,000 fr., dont 28,000 fr. sont dûs à son octroi, établi tant dans l'enceinte que dans les faubourgs, le reste se compose presqu'en totalité de centimes additionnels. Les charges de la ville s'élèvent annuellement à une somme égale, et même depuis quelques annés il se manifeste quelques déficits, tant on éprouve de difficulté à restreindre les secours à donner aux malheureux et à l'instruction de la jeunesse : ceci explique pourquoi cette ville n'a ni bibliothèque, ni école de musique, ni école de dessin : elle ne pourra jamais y arriver si le gouvernement ne lui prête une assistance bienveillante.

Les contributions directes payées par la ville et ses faubourgs, s'élèvent à 23,298 fr., savoir :

Foncier. . . .	7,171 fr.
Personnel et mobil.	3,921
Patentes. . . .	8,444
Portes et fenêtres.	3,762
Total. . .	23,298 fr.

Quant aux contributions indirectes que paye la ville de Bapaume, elles sont confondues avec celles payées par la banlieue.

On commence à établir à Bapaume de nombreuses citernes, tout y est favorable ; la chaux y est à un prix fort peu élevé, le sol est partout très sec, et il y a assez d'édifices couverts en ardoises pour réunir plus d'eau qu'il n'en faut pour les besoins de la ville, et faire cesser l'usage des eaux de puits, si calcaires, et qui exigent tant d'efforts pour être remontées d'une profondeur presque généralement de 150 pieds.

Le produit par minute de la fontaine dite Militaire, située dans la rue Royale, est de cinq litres au plus, et son minimum est de trois litres.

Il existe des abreuvoirs dans les deux faubourgs, dûs à la réunion des eaux pluviales, par des pentes et fossés ménagés dans les chemins qui les avoisinent.

Les ressources de Bapaume sont alimentées par un marché assez bien fourni.

L'horticulture est très en retard à Bapaume, il y a tout à faire dans cette partie. Quant à la grande culture, elle est admirable : le sol est d'une fertilité remarquable, et les soins qu'on lui donne prouvent l'influence des perfectionnements adoptés dans le département du Nord. Le seul regret que nous ayons éprouvé dans nos excursions autour de Bapaume, c'est d'y voir si peu de troupeaux de bête à laine.

Bapaume en perdant ses fortifications, va s'étendre,

s'embellir, et va se trouver sous une existence toute nouvelle ; le point essentiel pour elle actuellement, est la réunion des eaux pluviales en citernes bien faites, il ne s'agit plus d'un besoin reconnu indispensable pour une garnison : il s'agit ici de la population elle-même de la ville, aussi le bon exemple se propage-t-il déjà, et les puits ne seront bientôt plus destinés qu'aux usages de propreté et pour les animaux.

Paris, le 1er *Janvier* 1848.

NOTES.

NOTE 1. — Cette légende de l'abbaye d'Arronaise nous apprend que le château fort de Bapaume fut pris (sur un vieux seigneur pratiquant l'hospitalité et craignant Dieu) par un certain Béranger, que ses crime et son audace ont rendu la terreur de tout le pays. Béranger égorgea le vieillard, et garda pour l'outrager, sa fille chérie, dont l'innocence égalait la beauté. Un ménestrel échappa seul au massacre. Il alla donner l'alarme aux seigneurs des environs : ceux-ci accoururent en toute hâte, et délivrèrent la captive, mais Béranger resta maître du château jusqu'à sa mort. Il fut enterré près d'un endroit, où plus tard trois ermites jetèrent en 1090 les premiers fondements de la célèbre abbaye d'Arronaise dans laquelle les comtes de Flandre mirent des hommes d'armes sous l'autorité d'un chapelain.

Gautier élu abbé d'Arronaise en 1179 a donné une histoire de la fondation de son abbaye et des progrès que cette abbaye avait faits jusqu'à son temps. C'est le plus ancien auteur qui parle de la forêt d'Arronaise.

Béranger avait deux frères, Hercelin et Boron. Après sa mort les brigands à la tête desquels il parcourait le pays depuis Térouanne jusqu'à Péronne, se servirent adroitement de la terreur qu'inspirait son nom. Ils enterrèrent leur chef en un endroit qui fut nommé Motte-Béranger, où plus tard on mit un calvaire. (1)

Ce tombeau du chef était tout près d'un gros arbre creux : et quand la bande avait fait un prisonnier, on l'amenait près de cet arbre, où l'un des leurs venait se cacher, et à ce tribunal des mânes de Béranger, la rançon était prononcée d'une voix forte et irrévocable. Si le malheureux pouvait payer, on le lâchait ensuite, mais malheur à celui qui ne pouvait payer cette rançon, il était mis à mort. Telle est la tradition transmise par l'abbé Gautier. Cet auteur cite en outre que deux Irlandais, St-Lugle et St....... passèrent en France vers l'an 700 ; ils furent mis à mort par Béranger dans les environs de Térouanne : le territoire d'Arronaise ne fut donc pas seul théâtre des crimes de Béranger, et de plus Béranger vivait au VIIe siècle.

Vers l'an 1190 les premiers fondements de l'abbaye des chanoines réguliers d'Arronaise furent jetés par Heldemare et Conon, dans la forêt, au lieu dit *Tronc-Béranger* sur les limites des comtés de Flandre et de Vermandois (le comté d'Artois n'était pas encore érigé) Heldemare était de Douai, on croit que l'autre était fils d'Urrack : élevés tous deux en Angleterre ils y avaient embrassé la règle de St-Augustin, et reçu les ordres. Sous le règne de Guillaume-le-Conquérant, les prélats anglais furent déposés, et on leur substitua des Normands, pour que toutes les dignités fussent entre des mains dévouées au nouveau pouvoir. Heldemare et Conon eurent part aux grâces de Guillaume et furent maîtres de chapelle ; mais à sa mort en 1087, ils quittèrent la cour pour faire quelques pélerinages ; et passèrent en France. Ils se fixèrent dans la forêt d'Arronaise au lieu dit

(1) Le prieur Gosse dans son *Histoire de l'abbaye d'Arronaise,* dit que peut-être cette bande de brigands est un reste de Vandales ou Normands, qui ravagèrent le pays des Morins sur la fin du VIIe siècle. On croit que dans son origine, le château de Bapaume était une résidence fortifiée, dont ils firent leur repaire.

Tronc-Béranger où ils trouvèrent un saint ermite, Roger, natif de Fransloi, village peu éloigné : ils se réunirent à lui, se bâtirent une celle, et érigèrent un petit oratoire qu'ils dédièrent à la sainte Trinité et à saint Nicolas. Les environs étaient infestés de voleurs, mais cet inconvénient ne les rebuta point, et leur établissement contribua à donner de la sécurité aux voyageurs.

Telle fut l'origine de l'abbaye d'Arronaise.

NOTE 2. — Nous devons à M. Delorme, secrétaire de la mairie de Bapaume, des renseignements très intéressants sur les élections des Mayeurs et des Echevins : il a pris goût aux recherches dans les archives et chartes anciennes, et il serait à désirer qu'il fût encouragé à faire de ces recherches, un travail spécial, dans le but de les classer et de faire ainsi le premier noyau d'une bibliothèque tant désirée pour Bapaume.

Tous les quatorze mois on procédait à l'élection d'un Mayeur et de sept Échevins : tous les citoyens de Bapaume concouraient à l'élection du Mayeur. La ville était partagée en quatorze maîtrises ou corporations, et chacune d'elle avait sa chapelle à St-Nicolas; c'est là que leurs deputés nommaient par votes, le mayeur ; et celui qui obtenait le plus de suffrages était élu. On lui adjoignait deux suppléants, par le même genre d'élection, et alors le vœu du peuple était satisfait.

Les trois élus procédaient ensuite pour les Échevins par un tout autre mode de choix.

Ils cherchaient dans la ville les sept notables ayant le plus de capacité pour soigner les affaires. Ce double mode d'élection offre un exemple bien remarquable de sagesse et de prudence : si tous les intérêts étaient satisfaits, le vœu populaire était respecté, et ses intérêts proprement dits, étaient mis dans des mains capables de bien administrer dans les détails.

NOTE 3. — Nous avons conservé la tradition du pays consacrée par le mémoire historique des Antiquités en Artois (de l'abbé Léonard Craux, prédicateur capucin de la province de Paris) dédié à Mme de Mouchy, abbesse d'Avesnes-lez-Bapaume.

M. de Barante dit : que la reine venait d'accoucher d'un fils qui n'avait pas vécu ; elle gardait le lit, et logeait à un petit hôtel qu'elle avait acheté du sire de Montaigu, dans la vieille rue du Temple, près la porte Barbette. Le duc d'Orléans lui faisait des visites assidues, et tâchait de la distraire du chagrin que lui avait causé sa couche malheureuse. Le mardi 23 novembre, il y soupait, et le repas avait été fort gai, lorsqu'un valet de chambre du roi, nommé Scar de Courte-Housse, etc.

Il existe aussi quelques différences dans le récit du meurtre du prince. Nous avons voulu mettre à même de comparer les traditions, l'une du religieux de St-Denis, l'autre de l'abbé Léonard Craux, dont le mémoire nous a été communiqué par M. le comte d'Hérouville.

NOTE 4. — Le sieur Raoul d'Auquetonville, général des finances, que le duc d'Orléans avait justement privé de son emploi pour cause d'indigne malversation. C'est lui qui avait gagné le valet de chambre du roi, Courte-Heuses, et loua pour six mois tout, entière, cette maison à l'image de Notre-Dame.

NOTE 5. — Le vendredi, le corps du duc d'Orléans fut conduit à la chapelle qu'il avait fait construire en l'église des Célestins. Les coins du drap mortuaire furent portés par *le roi de Sicile, le duc de Berry, le duc de Bourbon* et *le duc de Bourgogne.* Ils étaient en grand deuil et répandaient des larmes.

NOTE 6. — La tradition suivie par M. de Barante, semble préférable, mais les deux versions s'accordent à dire que d'abord les premiers soupçons tombèrent sur Aubert de Flamenc, seigneur de Canny, chambellan du duc. Son maître avait séduit sa femme et l'on raconte que par une impudique raillerie il la lui avait montrée, ne lui cachant que le visage, pour le faire juge de la beauté de sa maîtresse. La vérité vint aux oreilles du mari, et il quitta sa femme dont le duc resta l'amant. On apprit que le sire de Canny était loin de Paris, mais bientôt on sut à quoi s'en tenir sur l'auteur du meurtre.

Le prévôt de Paris, sire de Flignoville découvrit les rues que suivirent les assassins, et il vit assez où refuge leur avait été donné. Il se rendit au conseil des princes, et dit qu'il croyait savoir quelque chose, et que s'il avait l'autorité de visiter les hôtels des serviteurs du roi, voire même ceux des princes, il pourrait découvrir les auteurs du crime ou leurs complices. Le roi de Sicile, le duc de Berry et le duc de Bourbon lui répondirent aussitôt qu'il lui était donné congé et licence d'entrer où bon lui semblerait. Le prévôt sortit : et dans le moment le duc de Bourgogne pâlit : « Mon cousin, dit le roi de Sicile, en savez-vous quelque chose ? il faudrait nous le dire. » Le duc Jean se retira à l'écart avec le duc de Berry et lui dit que c'était lui, qui, tenté et surpris par le diable, avait ordonné le meurtre. « Je perds mes deux neveux ! » furent les premiers mots du duc de Berry en répandant un torrent de larmes. Le duc de Bourgogne sortit aussitôt en grand désordre, et le conseil se sépara.

Note 7. Le duc de Bourgogne, qu'un premier instant avait troublé, se remit bientôt, et reprit toute son audace. Le lendemain les princes étaient réunis en conseil en l'hôtel de Nesle : il vint pour y prendre place, mais on le fit prévenir de ne point entrer dans la salle. Mon cousin, dit-il, avec surprise et colère au comte de St-Pol (en compagnie de qui il était venu) que vous semble de ceci, et qu'avons-nous à faire ? — Monseigneur, reprit le sire de St-Pol, vous avez à vous retirer à votre hôtel, puisqu'il ne plaît pas à Nosseigneurs que vous paraissiez au conseil. — En ce cas, retirez-vous avec nous. — Pardonnez-moi, je vais trouver Nosseigneurs du conseil, ils m'ont mandé. Pendant cette conversation, lé duc de Berry vint à la porte, et dit au duc Jean. Mon neveu départez vous d'entrer au conseil, on ne vous y verrait pas avec plaisir. *Monsieur je m'en dépars avec plaisir, et afin qu'on n'accuse personne de la mort du duc d'Orléans, Je déclare que c'est moi, et nul autre qui ai fait ce qui a été fait.* Sur ce, il tourna son cheval et se retira sur le champ vers son hotel, il y prit six hommes seulement avec lui, et partit sans s'arrêter, hormis pour changer de chevaux, et arriva à 1 heure à Bapaume frontière de ses Etats.

NOTE 8. — Nous avons visité cette chapelle pour y examiner la statue de la Vierge si célèbre par les miracles qu'on en cite : cette Vierge est en pierre, elle est représentée assise et tenant sur ses genoux, Jésus-Christ, après la descente de croix. Cette statue peut avoir environ un mètre de hauteur : on la cite comme le seul objet remarquable qu'offre l'église de St-Nicolas. Nous avons visité ensuite les souterrains qui sont remplis des ossements extraits du cimetière, au fur et à mesure du fouillement des nouvelles sépultures.

NOTE 9. — Le seigneur de Stremberg, gouverneur et capitaine de la ville et château de Bapaume, naguère reçu au conseil d'état de sa majesté et commis au gouvernement de Lille, Douai et Orchin, se partit de cette ville le lundi dix-neuvième de mai 1578, pour comparaître aux États qui se tenaient le lendemain à Arras, et de là passer jusqu'à Courrières qui lui appartenait. Il y tomba malade au lit, de laquelle maladie il serait décédé le sixième jour de juin à St-Venant, dont Dieu ait l'âme.

« Le lendemain, septième jour dudit mois de juin, MM. le Mayeur et les Echevins de la ville, pour plusieurs causes, et à la réquisition des plus honorables bourgeois de Bapaume, eu égard aux troubles du temps, auraient mandé venir en cette chambre Échevinale Hubert Devicq qui, du temps d'icelui seigneur, était chatelain du château du dit Bappalmes, et avait la garde des clefs, tant du dit château que de la ville, des boulevarts et saillies alentour, auquel l'on aurait déclaré de rendre les dites clefs ès-mains de mes dits sieurs pour plus grande sécurité de la dite ville et des habitants en icelle, à qui il aurait libéralement satisfait et condescendû : à ce fut présent Jehan Langonesse, lieutenant de la compagnie du dit sieur seigneur, qui aux dites mêmes fins avait été aussi mandé, toute fois ledit sieur Dévicq requit à mes dits, ses actes pour la décharge, contenant comme il s'était fidèlement acquité de cette charge et administration et qui lui fut accordé et délivré.

Au dit jour les dits sieurs écrivirent lettres à l'archiduc Mathias d'Autriche, duc de Bourgogne, gouverneur et capitaine général, avertissement de la mort et des devoirs du susdit, et requerrait son altesse les pouvoirs d'un autre gouverneur, gentilhomme bien né, naturel du pays et rempli de toutes les vertus, et comme il percevait que le château du dit Bappalmes était de si grande conséquence et préjudice pour la ville, quasi divinement inspirés et avisés de ce que devait advenir comme sera dit ci-après, suppliaient aussi son altesse de permettre, consentir, octroyer et accorder que les murailles de ladite ville, fussent jointes à celles dudit château, pour les inhabitants dudit Bappalmes y aller et venir librement tant pour la ronde de nuit comme autrement sans aucun détourner.

Ores comme une fortune ne vient jamais seule, qui était la mort du seigneur de Stremberg, sans en amener une autre, ne se doutant néantement les dits de Bappalmes d'un autre plus grand désastre, ainsi faisaient tous bons devoirs et offres de leurs gardes de l'ennemi, étant joints, unis et bien d'accord avec les soldats de la compagnie dudit Seigneur. Le diable, père de malice, suscita et éprit un nommé Antoine Lelièvre, ayant autrefois eu crédit vers le seigneur de Cappres, gouverneur général du pays d'Artois, de faire la trahison du château dudit Bappalmes, qui fut achevée par lui, et ses adhérents en la forme et selon ce qui s'ensuit :

C'est à savoir que le samedi 14 dudit mois de juin audit an soixante dix-huit, environ les six heures du matin, et au temps que l'on commençait à célébrer la messe de Notre-Dame, en l'église paroissiale St-Nicolas dudit Bappalmes, qu'en la messe qui se dit tous les samedis de l'an, et où la plupart des dits bourgeois communient, ledit Lelièvre arriva à la porte dudit château chargé d'un sac plein de grains brasle et pour avoir accès vers les soldats qui étaient à la garde d'icelle porte, leur déclara qu'il désirait d'entrer pour payer à Monsieur leur Maître qui est ledit Hubert Devicq, ci-dessus nommé, et les priait que l'un deux allât vers lui. Cependant il passa au guichet de la première porte dudit château, et comme les soldats qui étaient à ladite porte ne pensaient à quelqu'inconvenient et méchef, ledit Lelièvre fut suivi d'un autre adhérent, et à l'instant de deux autres, puis encore d'autres, jusqu'à ce qu'ils se trouvèrent au nombre de sept armés à la..... et se firent maîtres de la dite porte, menant *quant et eux* audit château Adrien Boniface soldat commis à la dite porte, et ayant gagné le pont levis, le levèrent après eux et le fermèrent contre la ville, étant par conséquent victorieux et maîtres dudit château où ils tuèrent et occirent Antoine Lebène commis à la quête et cloches sur les quart levés plus éminents dudit château.

Ores la bonté divine regardant de son ciel de miséricorde, les inhabitants dudit Bappalmes leur fit avertissement de cette maudite trahison, par un soldat échappé de ladite porte, qui sitôt qu'il perçut ledit château fermé, entra dans l'église dudit Bappalmes, et fit avertissement de ce fait à aucun bourgeois dudit Bappalmes, qui, à l'instant et sortant hors l'église, commençèrent à crier aux armes, et que le château était surpris et trahi pour les Français ce qui les occasiona d'en être plus certains, un garçon vacher dudit château, qui s'était jetté à val des remparts d'icelui, fit semblable avertissement tellement que à même instant les Bourgeois de ladite ville, femmes et enfants, firent le devoir qu'ils échelèrent et assaillirent ledit château de toutes parts. Comme néanmoins ledit Lelièvre qui était avec aucuns des consors sur les remparts dudit château ayant auparavant fait trois devoirs de vouloir occire et mettre à mort le dit Hubert Devicq qui se défendait au possible, tourna le canon droit sur la ville et en tira un coup au travers le pignon de l'Eglise dudit Bappalmes, nonobstant quoi, et toutes autres défenses qu'ils purent oncques faire, fut le dit château reconquis par lesdits bourgeois assistés d'autres soldats et furent, tous les traîtres et proditeurs de leur sang et de la pauvre patrie, mis à mort. Bien est vrai, que Guillain, Lemoine, Fromel bourgeois dudit Bappalmes et Jehan de la Suelle dit Nettequin y furent blessés en la tête par lesdits traitres qui se mirent à défense jusqu'à la mort, et sont leurs noms (illisibles), tous lesquels avaient conçu cette méchante trahison pour complaire au seigneur de Vaulx et autres de sa séquelle tous réfugiés avec Éloi Jean, et ennemis jurés de cette pauvre patrie, lesquels pour effectuer icelle trahison étaient entrés en ladite ville de Bappalmes, ledit jour au matin, y attendant autre plus grand nombre de leurs complices adhérents tant dudit Vaulx comme d'autres villages appartenant audit seigneur, selon que l'a dit, affirmé et déposé Jehan Challais demeurant audit Vaulx, prisonnier qui fut pris en ladite ville, ledit jour, après la reconquête dudit château, a depuis confessé (présent ledit sieur de Cappres) qu'il était aussi complice et adhérent.

Ledit jour comme on était encore en armes par toute la ville et les portes d'icelles fermées pour savoir si l'on trouverait autre semblable traître, Jehan de Lasse messager de ladite ville, retourna de la cour avec lettres de son altesse servant de réponse à celles que mesdits seigneurs lui avaient écrites touchant l'avertissement du trépas du seigneur de Stremberg et des quelles la tenue suit :

« Très-chers et bien-aimés, il nous a été très agréable d'entendre par les vôtres du 7 de ce mois la bonne correspondance et union que tenez avec les soldats étant en ce moment en garnison, et l'affection que portez au bien du pays et à la patrie, et aurons ce, en bonne et favorable souvenance ; quant au Gouverneur que demandez au lieu de leur seigneur de Stremberg, ne fauldrai de vous bientôt pourvoir d'une personne qualifiée et bien affectionnée à la patrie, et tel que pour une place de si grande importance est requis, de sorte qu'espérons que vous en aurez contentement.

Touchant ce que requerez au regard du château, à la première opportunité, aviserons sur ce, et vous manderons notre résolution, à tous, très-chers bien-aimés, notre-seigneur Dieu soit gardé de vous. » Donné le 11e de Juin 1578. soussigné MATHIAS.

Et comme ledit sieur de Cappres gouverneur d'Artois en l'absence du Vicomte, eut avertissement de la susdite surprise et reconquête ensemble, Messieurs les Mayeur et Échevins de la ville d'Arras, en écrivaient lettres à son Altesse. Et cependant lesdits de la ville d'Arras selon qu'ils furent requis par Messieurs de cette ville, envoyèrent le même jour d'icelle reconquête, trois compagnies bourgeoises de leur dite ville, tous où la plupart arquebusiers choisis par les capitaines qui entrèrent en ladite ville, les quatre heures après diner.

Mais par avant environ une heure, y arrivèrent le capitaine Ambroise avec sa compagnie de chevau-légers et plusieurs honorables bourgeois de ladite ville d'Arras : le prévôt des marchands et ses chevaux fort bien équipés et délibérés de vivre et mourir en ladite ville de Bappalmes, et comptant qu'elle ne fût fournie de poudre en amenèrent une charrette avec plusieurs arquebuses à croc pour s'en servir si occasion se présentait.

Et le lendemain de grand matin ledit sieur de Cappres arriva en cette ville, pour pourvoir à tout ce qui était convenable, tellement que en entrant au plutôt au château, trouva icelui Lelièvre et ses complices occis et mis à mort, qui furent ordonnés et mis en lieux éminents à l'entour dudit Bappalmes et leur tête sur chacun des boulevards dudit château : ce qui fut exécuté par le maître des hautes-œuvres, mandé à cette fois pour souvenance de leur méchante trahison et de la gloire et honneur acquis par les dits de Bappalmes au recouvrant dudit château.

Le même jour lesdits Mayeur et Échevins notables bourgeois de Bappalmes, présentèrent requête au seigneur de Cappres, afin de joindre les remparts de la ville à ceux du château, pour librement faire la ronde d'un lieu à l'autre, mêmement de faire ôter les paillots de la porte dudit château et tenir le pont baissé et stable, le tout par provisoire jusqu'à ce que autrement par son Altesse et le conseil d'État vers elle en soit autrement ordonné, sur laquelle requête icelui seigneur de Cappres aurait écrit son apostille.

Note 10. — L'organiste de la ville nous a fait voir le beffroi en détail. Nous avons assisté à la sonnerie du Carillon : l'air est dû au choc de marteaux sur des cloches variées de grandeur et de tons. Un cylindre horizontal a ses arrêtes couvertes de petites mortaises, susceptibles de recevoir de petites cannes qui, par leurs saillies, accrochent des détentes qui répondent chacune à un marteau, qui s'élève, pour en retombant frapper sur sa cloche, et c'est l'effet progressif de ces marteaux qui forme l'air joué par le carillon.

A l'heure le carillon joue : *Vive Henri IV*, en ré mineur.

Au quart, — : *Ah! vous dirai-je maman*, en fa.

A la demi-heure, — : *Où peut-on être mieux*, en fa.

Aux trois-quarts le dispositif :

Depuis la création de la ville jusqu'en 1842, jouait : *Le carillon de Dunkerque.*

Mais on lui a substitué l'air joué actuellement. *(Voir l'atlas).*

NOTE 11. Les Espagnols sortirent de la place avec les hommes de guerre, c'est alors que St-Reuil (1), gouverneur d'Arras, poursuivant un parti Espagnol, à la tête de 600 fantassins et de 300 chevaux, rencontra la garnison qui quittait Bapaume après avoir capitulé. Saint-Reuil chargea avec tant d'impétuosité qu'il mit cette troupe en pleine déroute avant d'avoir reconnu son erreur. Il alla plus tard témoigner ses regrets au commandant Espagnol, mais il avait des ennemis très puissants en cour, qui profitèrent de cette circonstance pour le perdre. Arrêté et conduit à Amiens, Saint-Reuil fut condamné à mort et décapité sur la place de l'Hôtel-de-Ville. Le tribunal qui l'a jugé se composait de douze conseillers du présidial d'Abbeville, ils étaient présidés par l'intendant Belesamme dont l'odieuse partialité se manifesta pendant toute la procédure. Il fit un crime à Saint-Reuil, du résultat déplorable d'une méprise ; on accusait aussi ce dernier de fatiguer l'Artois de ses exactions et d'y prélever des impôts sans mesure. Saint-Reuil pour se justifier lut à ses juges ce que lui écrivait Louis XIII à ce sujet : A brave et généreux Saint-Reuil, disait le monarque : *Plumez la poule sans la faire crier ; faites comme les autres font dans le gouvernement. Vous aurez tout pouvoir dans votre empire et tout vous est permis.* En arrivant au pied

(1) Archives historiques et ecclésiastiques de la Picardie et de l'Artois, P. Roger.

de l'échafaud Saint-Reuil s'apperçut qu'il n'était pas encore entièrement dressé, et dit à son confesseur : Voici, mon père, le reste de ma fortune qui s'achève de bâtir. Saint-Reuil se mit à genoux et fit une courte prière; l'épée du bourreau abattit sa tête, ses restes furent déposés dans l'église des Feuillants.

NOTE 12. — Il ne reste en l'église St-Nicolas du monument élevé au gouverneur de Postel, qu'une inscription sur marbre noir, qu'on a mis dans le dallage d'une chapelle, ce qui efface et détruit l'inscription. Nous avons eu peine à la lire, quoiqu'aidé par deux ecclésiastiques, dont l'un est antiquaire.

ANNO MDCXLV,

Et æternæ memoriæ

Joannis de Postel domini d'Avernes equitis, sacri consistorii comitis domusque regiœ æconomi, turmœ cataplastorum castri que equitum legionisque pedestrium prœfecti, gubernatoris urbis castrique Bapalmensis, viri prudentia solerstiaque militari insignis, a primo ætatis tirocinio inter Ephebos Regios a Ludovico justo christanissimo rege admissus tanti principis gratiam iniit. Postea multisque gradibus ac laboribus gloria perfunctus vulnera XXII accepit dum vero prœfecturam urbis gereret multaque itidem generosi animi ac martii vigoris specimina edidit : dum Atrebato rediret insidiis petitus a quodam milite plombeo trajectus expiravit mense januario anno MDCLV, œtatis XXXVII.

Magdalena Trucia carissima uxor ejus
Hoc monumentum posuit.

NOTE 13. — Il existe sur l'origine des eaux de cette fontaine une tradition que nous ne pouvons passer sous silence. Un berger avait coutume d'aller mener paître ses brebis pendant les grandes chaleurs dans un lieu où il voyait une constante verdure : et quand il avait plû, il avait remarqué qu'il s'y formait de petits écoulements d'eau, malgré l'élévation du terrain : il fut frappé de ces remarques et en parla un jour à M. Foulon (1)

(1) Aymond Le Foulon, ancien capitaine de la marine, chevalier de l'ordre de Saint-Louis, et ingénieur du roi, en chef, de la ville de Bapaume. (*procès-verbal du 3 J[r] 1720.*)

ingénieur de la ville. Cet ingénieur fit creuser sur plusieurs points de l'endroit indiqué, et trouva deux grands bassins en pierres, qui probablement avaient été construits bien longtemps avant cette époque, et qui pendant les guerres furent comblés pour empêcher l'ennemi de profiter de leur eau. Il fut reconnu que l'eau venait par filtration du terrain supérieur : on fit plusieurs conduits pour recevoir ces eaux, et l'ingénieur s'occupa de réunir toutes les eaux qui venaient du plateau supérieur (lieu où était situé autrefois Francville) et de les amener en ville.

Nous avons été visiter cette prise d'eau, et nous avons reconnu qu'à peu de distance à l'est de la route d'Amiens, il se trouve sur la pente du plateau encore plus à l'est, une sorte de digue apparente sur le sol, ayant deux regards en pierre, laquelle digue renferme une galerie d'environ 1 mètre 70 de hauteur sous clef. Dans cette galerie et du côté où arrivent les eaux est une auge en pierre qui reçoit les eaux, tant au point extrême que dans toute la longueur de la galerie. A l'extrémité de cette galerie où se trouve le premier regard, on croit généralement que là est la source qui alimente la fontaine militaire. Ce regard est entouré d'une prairie très fraîche, d'au moins une quarantaine d'ares, et formant cuvette d'où s'écoule la plus forte partie des eaux, puis à mesure qu'on s'approche de la ville, les eaux qui coulent dans l'auget s'accroissent par les pluies successives. Il eût été à désirer quand Bapaume était ville de guerre, que ce travail n'eût pas été apparent, car dès les premières reconnaissances de la place, l'ennemi devait couper cette ressource des assiégés.

Tout le terrain qui avoisine cette prise d'eau est en gazon, et appartient à la ville.

NOTE 14. — Cette école possédait un beau cabinet de physique, chose remarquable alors : son état-major se composait de quatre commandants, trois ingénieurs, trois professeurs de mathématiques et quatre professeurs de dessin.

Les logements des élèves étaient commodes quoique petits : On les chauffait avec un poële au charbon de terre pour deux, sans être visible dans les chambres, il s'entretenait par dehors, afin de ne causer aux élèves ni fumée ni odeur.

NOTE 15 — Cette commission que présidait le prince, se composait de quatorze officiers de tous grades, pris par moitié dans les armes de l'artillerie et du génie. Dans l'artillerie : MM. Piobert, colonel ; Maurin, lieutenant-colonel ; Perrin, chef d'escadron ; Didion, chef d'escadron ; Joli Frigolu, capitaine ; Boutin, lieutenant. — Dans le génie : le commandant Leblanc, *rapporteur ;* MM. les colonels Cussieu et de Chabaud-Latour ; les commandants Revel et Frerschler ; Mazuel, capitaine ; Gari, lieutenant. — On réunit, en outre, à Bapaume un petit corps de troupes ainsi composé :

5 officiers et 269 sous-officiers et soldats, et 93 chevaux du 10e régiment d'artillerie.

7 officiers et 273 sous-officiers et soldats du 3e régiment du génie.

13 officiers et 294 sous-officiers et soldats du 73e régiment d'infanterie de ligne.

1 officier et 25 sous-officiers et soldats du 7e régiment de lanciers.

Dès que la nouvelle du démantèlement prochain de Bapaume avait été certaine, quatre officiers belges, trois officiers anglais de différents grades, un colonel espagnol, et un chef de bataillon prussien, s'étaient empressés de solliciter l'autorisation de suivre les opérations, et leur demande avait été accueillie. Mais pendant les opérations leur nombre s'est accrû de plus de moitié. On a remarqué parmi les officiers étrangers, qui n'étaient pas attendus, mais qui n'en ont pas été moins bien reçus, un général d'artillerie russe, M. le comte de Méden.

Les opérations ont parfaitement réussi, et ont duré près de trois semaines.

FIN.

www.ingramcontent.com/pod-product-compliance
Ingram Content Group UK Ltd.
Pitfield, Milton Keynes, MK11 3LW, UK
UKHW020352250726
13967UKWH00005B/2246